Paul Strathern

Konfuzius in 90 Minuten

Eichborn.

Umschlaggestaltung: Rüdiger Morgenweck.
Herausgeber: Albert Sellner.
Übersetzung: Xenia Osthelder.
Gesamtherstellung: Fuldaer Verlagsanstalt GmbH, 36003 Fulda.
ISBN 3-8218-0497-1

Verlagsverzeichnis schickt gern: Eichborn Verlag,
Kaiserstraße 66, D-60329 Frankfurt am Main

Vorwort

Man behauptet, der Westen habe die chinesische Philosophie nie wirklich verstanden. Viele östliche Denker vertreten sogar die Ansicht, der westliche Verstand könne deren Nuancenreichtum gar nicht erfassen, weil ihm die Vorstellung davon fehle.

Beinahe alle westlichen Philosophen vertreten eine ähnliche Auffassung, wenn es um die Rezeption ihrer eigenen Philosophie durch andere Leute und Kulturen geht. Das Beharren auf gegenseitigem Unverständnis sollte uns also nicht über Gebühr abschrecken. Die chinesische Philosophie unterscheidet sich natürlich von der westlichen Philosophie – so wie sich die Chinesen von den Europäern unterscheiden. Aber *sub specie aeternitatis*, unter dem Gesichtspunkt der Ewigkeit, sind wir alle gleichermaßen wertlos oder wertvoll. Wir haben alle an derselben *condition humaine* teil, und jede Philosophie behauptet, sich eben mit dieser zu befassen. Die chinesische Philosophie mag für uns Schwächen haben wie unsere Philosophie für die Chinesen – beide sind jedoch nichts weiter als Rezepte für oder gegen dieselbe Krankheit: das Leben!

Konfuzius sprach:
»Etwas lernen und sich
immer wieder darin üben
– schafft das nicht auch
Befriedigung?
Und wenn von fernher
Gleichgesinnte kommen
– ist das nicht auch ein
Grund zur Freude?
Von den Menschen
verkannt zu werden,
ohne dabei Verbitterung
zu spüren – ist das nicht
auch eine Eigenschaft
des Edlen?«

Gespräche I, 1

Anerkennung

Nicht darüber bekümmere man sich, daß einen die Menschen nicht kennen, sondern darüber, daß man nicht die nötigen Fähigkeiten hat.

Leben und Werk des Konfuzius (551–479 v. Chr.)

Konfuzius wußte alles über das Leben, wir jedoch wissen sehr wenig über das Leben des Konfuzius. Deshalb stehen wir etwas ratlos da, wenn wir ihn als Menschen beurteilen sollen. Er lehrte uns, wie wir uns zu verhalten haben, aber wir können nicht genau feststellen, was er selbst eigentlich so trieb.

Konfuzius ist ein sehr aussichtsreicher Bewerber um den Titel des einflußreichsten Mannes in der Geschichte – und so ist es ein Glück für uns, daß seine Philosophie nebulös und eher langweilig war. Seine Sammlung wohlmeinender Platitüden, witziger Maximen und scheinbar rätselhafter Anekdoten ergeben die ideale Philo-

Beamtengeist

Wenn in einem Land Gerechtigkeit und Ordnung herrscht, so ist es für den Beamten eine Schande, nur an sein Einkommen zu denken. Wenn in einem Lande Ungerechtigkeit und Unordnung herrscht, so ist es sogar schon eine Schande, amtliches Einkommen zu beziehen.

sophie für Staatsdiener. Und genau das hatte Konfuzius im Sinn. Im Gegensatz zu anderen Weisen hegte er nämlich keineswegs den Wunsch, aus seinen Schülern mittellose Vagabunden zu machen, die Straßen und Plätze mit ihren Erleuchtungen unsicher machen und andere Leute beim Einkaufen stören, aber für keine ordentliche Arbeit zu gebrauchen sind. Sein Ziel war es vielmehr, aus seinen Zöglingen gute Regierungsbeamte zu machen. Und das gelang ihm besser, als er es je in seinen kühnsten Träumen für möglich gehalten hätte.

Über zweitausend Jahre lang lieferte seine Lehre in der lähmenden Konformität des chinesischen Kaiserreiches die Verhaltensregeln für die Schreiber, Schulmeister, Minister und Verwaltungsbeamten und versorgte sie mit geistiger Nahrung. Diesem Kaiserreich verdanken wir den *Fluch*: »Mögest du in interessanten Zeiten leben.« Im China des Konfuzius bedeutete Langeweile Segen. Das nimmt kaum wunder, wenn man sich die Alternativen vor Augen hält. Sobald man Reih und Glied verließ und sich des geringfügigsten Vergehens schuldig machte, konnte man sich glücklich schätzen, wenn man mit Kastration davonkam. Der Gerichtshof so manches jähzornigen Herrschers hatte eine Geräuschkulisse, die den Verdacht aufkommen ließ, man habe es mit einer Schar Schulkinder zu tun.

Bis zur kommunistischen Revolution im Jahre 1949 waren der Konfuzianismus und die chinesische Lebensweise so verwoben, daß sie mehr oder weniger Synomyme waren. Inwieweit das unter dem Marxismus so geblieben ist, kann man schwer sagen, es steht jedoch fest, daß der Konfuzianismus in der ganzen chinesischen Diaspora – von Taiwan bis zu den Chinesenvierteln der Weltstädte – sehr lebendig geblieben ist. Dabei war Konfuzius selbst erstaunlicherweise ein Versager. Zumindest hielt er sich dafür (und wer sind wir, daß wir einem so weisen Mann zu widersprechen wagten). Er war fest davon überzeugt, sein Leben sei gescheitert, und starb als enttäuschter Mann.

Confucius ist die latinisierte Form von Kung-fu-dse (was ›Meister Kung‹ bedeutet). Er lebte im sechsten Jahrhundert vor Christus. Jene Epoche des sechsten und fünften Jahrhunderts war unbestreitbar die bedeutendste seit der Entwicklung der Menschheit, das heißt seit der erste Höhlenmensch ver-

Befehlen

Der Meister sprach: ›Wer selbst recht ist, braucht nicht zu befehlen: und es geht. Wer selbst nicht recht ist, der mag befehlen: doch wird nicht gehorcht.‹

sehentlich sein Zuhause in Brand steckte. Abgesehen davon, daß in diese »Achsenzeit«, wie sie von den Geistesgeschichtlern gerne genannt wird, das Wirken des Konfuzius fällt, erlebt die Menschheit in diesem Zeitraum auch die Geburt des Taoismus, Buddhas, Zarathustras und der griechischen Philosophie. Warum diese für den menschlichen Geist so entscheidenden Ereignisse alle eben in jenem Zeitraum stattfinden, in Zivilisationen, die sich in ungleichen Entwicklungsstadien befanden und keinen Kontakt zueinander hatten, bleibt ein Geheimnis. (Einige der Lösungsvorschläge – Besuche von Weltraumbewohnern, außergewöhnliche Strahlungsintensität auf der Erde, Gehirnerkrankungen – lassen den Verdacht aufkommen, daß unsere geistige Entwicklung seit da-

Gutes und schlechtes Beispiel

Wenn wir zu dreien miteinander gehen, so habe ich immer zwei Lehrer unter meinen Reisegefährten. Das gute Beispiel des einen kann ich nachahmen und das schlechte des anderen kann ich meiden.

mals nicht sonderlich fortgeschritten ist.)

Konfuzius wurde 551 vor Christus im Fürstentum Lu geboren, im Südwesten der heutigen Küstenprovinz Schantung in Nordost-China. Er stammte von sehr altem, verarmtem Adel ab. Er soll ein direkter Nachfahre der Könige der Schang-Dynastie gewesen sein. (Dies ist die älteste Dynastie Chinas; angeblich brachte sie blaue Töpfe, die mit herrlichen Blumen verziert waren, hervor und benutzte rosa Kaurimuscheln als Währung. Die Legende berichtet, daß diese Zivilisation die chinesische Schrift erfand. Man wollte damit den Ahnen Botschaften zukommen lassen, die man in Schildkrötenpanzer schnitzte. Dieser zauberhafte Unsinn fand natürlich in den Augen seriöser Historiker keine Gnade, bis vor kurzem archäologische Funde Existenz und Alltagskultur einer ebensolchen Dynastie im zweiten Jahrtausend vor Christus bestätigt haben. Leider hat man aber bisher noch keine Botschaften an einstige Mitglieder des Konfuzius-Klans unter den Schildkrötenpanzerbüchern entdeckt.)

Wir wissen, daß Konfuzius' Vater Befehlshaber von Dsou und bei Konfuzius' Geburt siebzig Jahre alt war. Er starb, als sein Sohn drei Lenze zählte, so daß Konfuzius von seiner Mutter großgezogen werden mußte. (Es ist auffällig, daß fast alle der etwa zwölf großen Religionsstifter und Begründer von Philosophien von nur einem Elternteil erzogen wurden.)

Wir wissen wenig aus der Kindheit und Jugend des Konfuzius, wenn man von den üblichen unwahrscheinlichen

Betrug

Der Meister sprach: ›Wer Betrug nicht voraussetzt und Mißtrauen nicht erwartet, aber sie doch vorher empfindet, ist das nicht ein Weiser?‹

Geschichten absieht, die sich um solche Gestalten zu ranken pflegen (Vögel, die von Bäumen gezaubert wurden; der zum Leben wiedererweckte Lieblingshund eines Onkels; Kometen, etc.). Zu jener Zeit begann der Niedergang der sechshundert Jahre alten Dschou-Dynastie, der China seine Zivilisation verdankte. Wir befinden uns im Feudalismus, Vasallenstädte wechselten ihre Herren und brachen beinahe willkürlich kriegerische Auseinandersetzungen vom Zaum. Die Kriegsherren lebten wie Kriegsherren immer gelebt haben (Massaker, Hungersnöte, Orgien), und der Rest der Bevölkerung vermehrte sich brav, damit die Herren sich nicht mit kleiner dimensionierten Aktivitäten begnügen mußten (Mord, Verurteilung zum Hungertod und Laster).

Das menschliche Elend hatte damals

Charakter

Wer seinen Ehrgeiz bezähmt, seine Eitelkeit unterdrückt, den Neid bezwingt und seine Habsucht nicht befriedigt – kann der als sittlicher Charakter gelten?

Der Meister sprach: Dies mag zwar schwierig sein, aber ob es schon sittlich ist, das weiß ich nicht.

Größenordnungen angenommen, wie sie nur in Asien denkbar sind. Nach der kommunistischen Revolution gab es dergleichen nicht mehr, dafür tauschte man andere Mißstände ein. Die tagtäglichen Szenen der Gewalt, die Konfuzius in seiner Jugend erlebte, prägten ihn tief. Sein Denken wurde dadurch hart und pragmatisch, und er weicht nur selten davon ab. Konfuzius erkannte sehr bald, daß solch unerhörtes Leiden nur dann aufhören würde, wenn man das herrschende Gesellschaftskonzept veränderte.

Eine Gesellschaft muß auf das Wohl aller ihrer Mitglieder hinarbeiten und darf nicht als Vorwand für die Exzesse der Herrschenden dienen. Konfuzius formulierte als erster diese Binsenwahrheit, über die sich so häufig hinweggesetzt wird. Es sollten noch zweihundert Jahre vergehen, bevor die ersten Griechen anfingen, über diesen Grundsatz zu diskutieren. Aber weil sie darüber diskutierten, entwickelten sie auch schnell eine ausgefeilte, abstrakte Vorstellung von Gerechtigkeit.

Konfuzius hatte während seiner Entwicklungsjahre nicht die Gelegenheit zu theoretischen Diskussionen, und so blieb sein Denken praxisorientiert. Er kam zu dem Schluß, daß sich das Verständnis von der Rolle der Gesellschaft ändern müsse, aber nicht die Gesellschaft selbst. Der Herrscher müsse herrschen und die Administratoren müßten ihre Pflicht erfüllen. Das stehe so fest, wie ein Vater seinem Sohn ein Vater zu sein habe. Die Revolution, die er schließlich lehrte, war eine Revolution der inneren Einstellung und des Verhaltens: Jeder von uns müsse da-

Freundschaft

Es gibt drei Arten von Freundschaft, die förderlich sind, und drei Arten von Freundschaft, die schädlich sind. Freundschaft mit Aufrichtigen, Freundschaft mit Beständigen und Freundschaft mit Erfahrenen, diese sind förderlich. – Freundschaft mit Unehrlichen, Freundschaft mit Leisetretern und Freundschaft mit Schönschwätzern, diese sind schädlich.

nach streben, seiner Aufgabe mit höchstmöglicher Sittlichkeit nachzukommen.

Konfuzius' Aussagen zu diesem wie verwandten Themen waren jedoch so formuliert, daß er seinen Anhängern viel Raum für Interpretationen ließ. Zum Beispiel: »Wenn die Wahrheit sich ausbreiten soll, wenn sie untergehen soll, das ist Bestimmung.« (Lun Yü 14, 38) Gerade diese scheinbare Zusammenhanglosigkeit, dieser für die Lehren des Konfuzius typische Mangel an Logik, sollte sich als die große Stärke des Konfuzianismus erweisen. Man konnte ihn nie als gänzlich falsch widerlegen, und wenn man sich ausreichend bemühte, konnte man mit ihm fast alles beweisen. Diese Stärke mußte der Konfuzianismus später mit der Bibel und allen anderen heili-

Gewissenhaftigkeit

Einen Heiligen zu treffen, erwarte ich nicht. Würde ich nur einem weisen und gütigen Menschen begegnen, wäre ich schon zufrieden. Einen vollendet rechtschaffenen Menschen zu treffen, erwarte ich nicht. Würde ich nur einem gewissenhaften Menschen begegnen, wäre ich zufrieden. Aber in Verhältnissen, wo die Menschen sich anmaßen zu besitzen, was sie in Wirklichkeit nicht besitzen, wo sie Fülle vorgeben, während sie in Wirklichkeit leer sind, wo sie tun, als lebten sie im Überfluß, während sie tatsächlich Mangel leiden, in solchen Verhältnissen ist es schwer, gewissenhaft zu sein.

ligen Texten von großen Religionen teilen.

Mit achtzehn Jahren heiratete Konfuzius und wurde Vater eines Sohns, der Li, Karpfen, genannt wurde. (Li wurde eine Enttäuschung für seinen illustren Vater, weil er nie zu dem großen Tier wurde, von dem Konfuzius geträumt hatte.) Konfuzius war arm, und um leben zu können, übernahm er verschiedene Jobs. Unter anderem wurde er Aufseher über die öffentlichen Getreidespeicher und Überwacher der Pfähle, an welche die Rinder und Hammel für die Opferzeremonien angebunden wurden. In seiner Freizeit studierte er Geschichte, Musik und die Riten und erlangte schnell den Ruf des gelehrtesten Mannes in Lu. Konfuzius war ehrgeizig. Er strebte nach einem hohen Posten in der Verwaltung, damit er seine Ideen in die Praxis umsetzen konnte. Es erstaunt niemanden, daß die lebensfrohen Herrscher keine Lust hatten, einen derartigen Spielverderber einzustellen. Konfuzius schaffte es nie weiter als bis zum Vorstellungsgespräch. (Er war ein ernsthafter junger Mann, der sein gewaltiges Wissen mit der Welt teilen wollte: Keine besonders gute Taktik, wenn man sich um einen Posten bewirbt.)

Bereits damals wurden Leute, die in ihrem Spezialgebiet keine Anstellung bekamen, Lehrer. Das Fürstentum Lu konnte sich bereits einer ganzen Menge Adelsschulen rühmen, die den zukünftigen Höflingen die Zeremonien und Riten beibrachten. (An diesen Schulen unterrichteten in der Regel ehemalige Höflinge, die Experten in den komplizierten Zeremonien bei Hof waren, ihre Position jedoch verlo-

Haushalten

Der Meister sagte von dem Prinzen Ging von We, daß er gut hauszuhalten verstehe: ›Als er anfing, etwas zu haben, sprach er: ›Wenn ich's nur beisammen halte!‹ Als er etwas mehr hatte, sprach er: ›Wenn es nur für alles reicht.‹ Als er reichlich hatte, sprach er: ›Wenn es nur schön verwandt wird!‹

ren hatten, weil sie aus Versehen ins Fettnäpfchen getreten waren – was manchmal auch den Verlust von gewissen intimen Wertgegenständen, an denen sie weit mehr hingen als an ihrem Gehalt, zur Folge hatte.) Konfuzius beschloß deshalb, eine etwas andere Schule zu gründen. Er wollte Beamten das Regieren beibringen.

Zu seinem Glück war Konfuzius ein sympathischer und begeisterungsfähiger Mensch: Niemand fragte nach seinen Qualifikationen und bereits nach kurzer Zeit strömten die Schüler zu ihm. Konfuzius' Schule scheint denen der griechischen Philosophen der Antike sehr ähnlich gewesen zu sein. Die Atmosphäre war zwanglos; der Meister unterhielt sich mit seinen Zöglingen, manchmal wandelte man umher, manchmal lagerte man im Schatten eines Baumes. Von Zeit zu Zeit hielt der Meister einen Vortrag, meistens jedoch bestand der Unterricht in Fragen und Antworten.

Die Antworten des Meisters erfolgten oft in Form von Lehrsätzen. »Ein Volk ohne Erziehung in den Krieg führen, heißt, es dem Untergang weihen.« (Lun Yü XIII, 30) »Der Edle liebt es, langsam im Wort und rasch im Tun zu sein.« (Lun Yü IV, 24) »Einen Fehler machen und sich nicht bessern: das erst heißt fehlen.« (Lun Yü XV, 29) Dergleichen Bemerkungen können auch vor zweitausendfünfhundert Jahren nicht weniger banal geklungen haben als heute. Und doch erfahren wir, daß Konfuzius mit Dummköpfen keine Nachsicht hatte. »Wem ich eine Ecke zeige, ohne daß er es auf die drei anderen Ecken übertragen kann,

Staatsbürgergesinnung

Der Fürst von Lu, dem Heimatstaat des Meisters, fragte: Wie fange ich's an, daß das Volk gehorcht?

Der Meister antwortete: Fördere die ehrlichen, rechtschaffenen Männer und halte die minderwertigen nieder, dann wird das Volk gehorchen. Förderst du die minderwertigen und hältst die ehrlichen, rechtschaffenen nieder, dann wird das Volk ungehorsam sein.

dem wiederhole ich es nicht.« (Lun Yü VII, 8)

In Konfuzius' Schule gab es keinen Platz für Dünnbrettbohrer und Holzköpfe. Gewöhnlich hatte er etwa zwei Dutzend Zöglinge, sowohl von prinzlichem Geblüt als auch bettelarme. Nicht alle uns überlieferten Sprüche des Konfuzius sind banal – einige sind umstritten, andere undurchsichtig oder rätselhaft, und eine gewisse Zahl ist profund. (»Nicht kann die Menschen kennen, wer sich nicht auf ihre Worte versteht.« »Das volle Leben sucht, was in ihm ist, das leere Leben sucht, was in den anderen erscheint.« Man sagt, daß seine Sprüche gelegentlich Spuren des subtilen asiatischen Humors enthalten, aber der bleibt jenseits der Wahrnehmungsfähigkeiten des durchschnittlichen westlichen Ohrs.)

Konfuzius war vor allem ein Moralist. Er war immer aufrichtig und mißtraute der Beredsamkeit. Sein Ziel war es, seinen Schülern beizubringen, wie man sich richtig verhält. Wenn sie über Menschen herrschen wollten, mußten sie erst lernen, sich selbst zu beherrschen. Vor allem das Herzstück seiner Lehre hat einen vertrauten Klang: »Sittlichkeit ist Menschenliebe.« Konfuzius bekannte sich 500 Jahre vor Christus zu diesem tiefsten moralischen Empfinden der Menschen. Und doch war das nicht als religiöses Prinzip gemeint. Konfuzius mag eine Religion gestiftet haben (den Konfuzianismus), aber seine Lehre war nicht per se religiös. Seine Religion im übrigen auch nicht – und dieses chinesische Rätsel hat ohne Zweifel zu ihrer Langlebigkeit beigetragen.

Dieses Paradox enthält noch eine weitere Steigerung. Wenn auch Konfuzius' Lehre nicht religiös war, so war er selbst es doch mit Sicherheit. Er war der festen Überzeugung, daß das Universum eine Macht zum Guten enthalte – was Glauben im höchsten Sinn bedeutet, da dieser Optimismus nicht durch sichtbare Beweise gestützt werden kann. Konfuzius pries den sittlichen Menschen, der Ehrfurcht vor dem Himmel hat, hielt jedoch die meisten religiösen Gepflogenheiten seiner Zeit für abergläubischen Unsinn. In diesem Punkt wie auch in vielen anderen hat Konfuzius eine verblüffende Ähnlichkeit mit Sokrates. Und tatsächlich hat mancher große Sinologe Konfuzius mit einem sokratischen Christus verglichen. (Diese schwammige Verleumdung diffamiert nicht nur die drei größten Gestalten der Geschichte, sie enthält wie so oft auch jenes irritierende Körnchen Wahrheit.)

Zur gleichen Zeit, als Konfuzius seine nichtreligiöse Religion stiftete, begründete ein Landsmann die andere große chinesische Religion, den Taoismus. Durch ihren mystischen Glauben an die metaphysische Einheit des Universums stellt sie eine merkwürdige Ergänzung des Konfuzianismus dar. Ihr Begründer ist der legendäre Philosoph Laotse. Einige Zeit nach der Gründung seiner Schule ging Konfuzius auf Wanderschaft, um den ehrwürdigen und zurückgezogenen Laotse kennenzulernen. Der ältere Mann schalt Konfuzius ob seines Stolzes und Ehrgeizes. Konfuzius war jedoch zutiefst von Laotse beeindruckt. Er verglich ihn mit einem Drachen, der in den

Der höhere Mensch

Der höhere Mensch ermutigt die anderen, die guten Eigenschaften in ihrer Natur zu entfalten und nicht ihre schlechten Neigungen. Der gewöhnliche Mensch macht es gerade umgekehrt.

Der höhere Mensch ist anteilnehmend, macht sich aber nicht gemein. Der gewöhnliche Mensch macht sich gemein, ist aber nicht anteilnehmend.

Der höhere Mensch ist selbstbewußt, doch nicht hochmütig. Der gewöhnliche ist hochmütig, doch nicht selbstbewußt.

Der höhere Mensch verlangt alles von sich selbst, der gewöhnliche verlangt alles von den anderen.

Himmel aufsteigt und auf Wind und Wolken reitet. Diese für Konfuzius ungewöhnlich poetische Bemerkung erwies sich als prophetisch – denn genau so nahm Laotse Abschied von der Geschichte: Im Alter von zweihundert Jahren verschwand er auf einem Bergpaß auf dem Weg nach Westen im Nebel – wo man seine Ankunft auf einer Wolke nicht bemerkt zu haben scheint.

Konfuzius war ein ausgezeichneter Lehrmeister, und viele seiner Zöglinge wurden sehr erfolgreiche Regierungsbeamte. (Sehr zum Leidwesen ihres alternden Lehrers, der noch immer erfolglos die Schriftrollen nach »Stellenangeboten« durchsuchte.) Konfuzius' Schüler waren gescheit genug, die von ihm gelernten Prinzipien zurückzustellen, sobald sie mit der Realität des Regierens konfrontiert waren. Hätten sie

Maß

Maßhalten und im Gleichgewicht bleiben, sind der Gipfel menschlicher Vollkommenheit. Aber er ist seit langem selten unter den Menschen.

die menschlichen und revolutionären Ideen vertreten, die Konfuzius verkündete, hätten sie allenfalls einen Posten in einem Knabenchor bekommen. Und dennoch vergaß diese erste Generation fähiger und gebildeter Regierungsbeamte weder ihren Meister noch seine Lehren.

Die Schüler bildeten eine Art Freimaurergemeinschaft. Ihre Erziehung beeinflußte auch weiterhin ihre Lebensweise und ihre Einstellung zur Arbeit. Die ersten Samen einer neuen Aufgeklärtheit waren gesät. Von jetzt an glaubten nur noch wenige, daß die Herrschenden von göttlichen Ahnen abstammten und von himmlischen Gnaden regierten. Man hatte erkannt, daß der Staat in der Tat ein kooperatives Unternehmen werden konnte, zum Nutzen aller. Und die neuen Regierungsbeamten taten ihr Bestes, ihre Herren von sinnlosen Kriegen abzuhalten.

Unter Konfuzius' Zöglingen befanden sich eine Anzahl Söhne aus einflußreichen Familien, gewöhnlich aus anderen Provinzen. Schließlich nahmen aber auch ein paar neugierige Mitglieder des Herrscherhauses von Lu an seinen Lehrveranstaltungen teil. So kam es, daß Konfuzius die Bekanntschaft des zukünftigen Herzogs von Lu, Yang Hou, machte. (Nicht zu verwechseln mit seinem berüchtigten Vorgänger Wa Bohu, der zum Gegenstand der allgemeinen Lächerlichkeit wurde, als sein Regime zum Tohuwabohu geworden war.) Yang Hou war von Konfuzius beeindruckt und als er die Herrschaft übernahm, machte er den inzwischen nicht mehr ganz jungen Philosophen zum Justizminister. Endlich konnte Konfuzius seine Prinzipien in die Tat umsetzen.

Alle Berichte stimmen darin überein, daß Konfuzius ein äußerst erfolgreicher Justizminister war – obwohl das wenig mit seinen vielgepriesenen Prinzipien zu tun gehabt zu haben scheint. Konfuzius ging mit eisernem Besen gegen die Verbrecher des Fürstentums vor. »Solange er im Amt war, gab es im Lande Lu keine Räuber«, schreibt sein Biograph. Konfuzius ging sogar so weit, die Todesstrafe »für das Erfinden ungewöhnlicher Kleidung« einzuführen. Und bald hatte alles dermaßen seine Ordnung im Fürstentum, daß »die Männer mit Bedacht auf der rechten Straßenseite liefen und die Frauen auf der linken«. Schließlich kam man zu dem Schluß, daß das Maß überschritten sei. Irgendjemand bot dem Ersten Minister ein Schmiergeld von achtzig schönen jungen Mädchen an (»lüsterne Weiber«, wie die Quelle ausführt), wenn er sich des Konfuzius entledige. Der Erste Minister, der nicht in den Genuß einer konfuzianischen Erziehung gekommen war, sah sich nicht imstande, diesem außerordentlich herausfordernden Angebot zu widerstehen. Konfuzius wurde seines Amtes enthoben – Männer und Frauen von Lu liefen wieder auf demselben Bürgersteig, trugen wieder ohne Angst um das Leben modische Kleider, Denunzianten wurden nicht mehr gehört, und die Verbrecher konnten die Posten, für die sie sowieso nicht geeignet gewesen waren, aufgeben und sich ihrer wahren Berufung zu widmen.

In Anerkennung seiner Dienste er-

Menschliche

Ich habe noch keinen Menschen gesehen, der Menschlichkeit wirklich liebt und noch keinen, der Unmenschlichkeit wirklich haßt. Wer Menschlichkeit wirklich liebt, dem geht nichts darüber; wer Unmenschlichkeit wirklich haßt, dessen Halt ist so stark, daß auch jede Möglichkeit unmenschlichen Handelns ausgeschlossen ist. Es muß doch möglich sein, wenigstens einmal einen Tag lang seine ganze Kraft an die Verwirklichung der Menschenliebe zu setzen. Aber wo ist ein solcher Mensch?

hielt Konfuzius ein Amt, das ein noch höheres Ansehen genoß und mit einem äußerst beeindruckenden Titel und Gehalt verbunden war. Er stellte jedoch schnell fest, daß es sich dabei um eine reine Sinekure handelte, Kompetenzen hatte er keine mehr. Angewidert trat er umgehend zurück. Er hatte kein Interesse an einem Posten, der ihm nicht die Macht gab, bei wichtigen Staatsangelegenheiten mitzuwirken – wie zum Beispiel zu entscheiden, wer auf welchem Bürgersteig zu gehen hat.

Inzwischen war Konfuzius über fünfzig Jahre alt. Er beschloß deshalb, sich in Begleitung einiger weniger Schüler auf Pilgerfahrt durch China zu begeben. Das sollte jedoch keine geistige Wanderschaft im üblichen Sinne sein. Konfuzius hatte kein heiliges Ziel, und er suchte auch keine Erleuchtung auf seinem Weg. Die Pilgerfahrt des Konfuzius war wie seine Philosophie gänzlich im Diesseits verankert. Er war auf der Suche nach einer Anstellung. Und wenn er keine Anstellung fände, so hoffte er, einen Herrscher zu finden, den er in seinen Lehren unterweisen könnte, so daß seine Prinzipien wenigstens irgendwo in die Tat umgesetzt würden. Aber Konfuzius war offensichtlich ein berühmter Mann geworden. Seine Wanderung auf der Suche nach dem heiligen Gral – einer Anstellung – sollte über zehn Jahre dauern. Von Zeit zu Zeit zog man ihn zu Rat, aber wieder einmal gediehen seine Bemühungen um einen dauerhaften Posten nicht über das Stadium der Vorstellungsgespräche hinaus.

Wir können nur spekulieren, warum

das so war. Konfuzius galt inzwischen als der weiseste Mann Chinas. Er hatte viele der fähigsten Regierungsbeamten unterrichtet. Er hatte auch selbst niedrige Ämter innegehabt, ohne ein einziges Mal Bestechungsgeld anzunehmen oder seinen Herrn an dessen Feinde zu verraten. (Solche Exzentrik galt schon fast als pervers und hat ohne Zweifel dazu beigetragen, daß man in späteren Zeiten glaubte, Konfuzius sei eine ganz und gar legendäre Gestalt gewesen, die niemals wirklich gelebt habe.) Es muß offensichtlich an seiner Art gelegen haben: an seiner Ernsthaftigkeit, Kompromißlosigkeit, seinen unangenehmen Angewohnheiten oder ganz schlicht und einfach an seiner nervenden Art – genau werden wir nie erfahren, was der chinesischen Herrscherschicht an Konfuzius nicht be-

Moderne Zeiten

Ich verabscheue das Violett, das die echte Purpurfarbe nicht mehr erkennen läßt. Ich verabscheue die moderne Musik, die den Geist der alten Tonkunst beunruhigt und verwirrt. Ich hasse die zungenfertigen Schwätzer, die Staat und Gesellschaft untergraben.

hagte. Nachdem ich seine Schriften studiert habe, glaube ich allerdings, daß sie ihn schlichtweg entsetzlich langweilig fanden.

Selbst die Abenteuer, in die er während seiner zehnjährigen Pilgerschaft geriet, scheinen – typischerweise – nicht sonderlich interessant gewesen zu sein. Als er den Staat We besuchte, hatte er eine Privataudienz bei der Schwester des Herrschers, der berüchtigten Nan dse, was seine Schüler übrigens zutiefst erschütterte. Die Geschichte hat prüde zensiert, was genau die Schüler des Konfuzius so entsetzte. Wir erfahren auch nicht, weshalb Nan dse so berühmt-berüchtigt war, wenn wir den banalen Klatsch über königliche Blutschande einmal beiseite lassen.

Später, in der Provinz Sung, wurde Konfuzius davor gewarnt, daß man nach seinem Leben trachte. Daraufhin kleidete er sich »unauffällig« und setzte ganz prosaisch seine Wanderschaft fort. In der Provinz Ch'u, wo sich laut Konfuzius' Biographen H. G. Creel, »der Herrscher selbst als *wang*, König, bezeichnete«, hatte Konfuzius zahlreiche Gelegenheiten mit diesem bis spät in die Nacht über seine Ideen zu diskutieren, und es gelang ihm schließlich sogar, seinen Gastgeber zu überzeugen, daß Tugend und kompetente Verwaltung der Schlüssel zum Erfolg seien – und nicht persönlicher Ehrgeiz. Konfuzius' Kreuzzug war also wieder einmal erfolgreich gewesen: Die Langeweile hatte einen weiteren Sieg über die Barbarei errungen. Aber selbst dieser *wang* war ein zu großer Pfennigfuchser, um Konfuzius eine Stellung anzubieten.

Inzwischen war Konfuzius 67 Jahre alt. Seine weniger bedeutenden Altersgenossen lebten längst alle glücklich im Ruhestand, wohingegen er noch immer versuchte, seine Karriere in Gang zu setzen. Schließlich beschlossen seine Schüler in Lu, es sei das Beste, ihren Meister nach Hause zurückzurufen. Es war an der Zeit, daß dieser pragmatischste aller Philosophen, der sein ganzes Leben lang das Hohelied der ehrlichen Arbeit gesungen hatte, endgültig die fixe Idee verabschiedete, er sei in der Lage, eine Anstellung zu finden. Konfuzius kehrte gehorsam nach Hause zurück und verbrachte seine verbleibenden fünf Lebensjahre in Lu. Es waren traurige Jahre. Sein Lieblingsschüler Yen Hui starb, und zum einzigen Mal in seinem Leben verfiel Konfuzius für eine kurze Zeit

Nichtstuer

Den ganzen Tag nichts tun als essen und trinken, ohne den Geist mit irgend etwas beschäftigen – das ist ein schlimmer Fall. Gibt es denn nicht wenigstens Schach und Damebrett? Sich damit zu beschäftigen ist immer noch besser als gar nichts tun.

der Verzweiflung. »Ach, es gibt niemand, der mich kennt«, sagte er zu seinen verbleibenden Schülern. In ihm wuchs die Überzeugung, daß seine lebenswichtige Botschaft die zukünftigen Generationen nie erreichen werde.

Auch sein Sohn Li starb. Wir wissen fast nichts über das Leben Lis. Man sagt, daß er sich nicht durch irgendwelche ungewöhnlichen Fähigkeiten hervorgetan habe. Es gibt jedoch Beweise, die dagegen sprechen. Innerhalb weniger Jahrhunderte behaupteten über vierzigtausend Menschen in China, von Konfuzius abzustammen was zumindest Rückschlüsse auf eine außergewöhnliche Rührigkeit seines Sohnes nahelegt.

Konfuzius verbrachte seine letzten Jahre damit zu lesen, zu korrigieren und Kommentare zu den chinesischen

Klassikern zu verfassen – jenen Werken, die aus der Morgendämmerung Chinas stammen. (Die *Lun yü*, »Die Gespräche des Konfuzius«, sollten zu diesem Kanon hinzugefügt werden, und man meißelte sie in der Mitte des dritten Jahrhunderts in Stein.) Die chinesischen Klassiker reichen vom erhabenen *Sche-dsching*, »Buch der Lieder«, – in das sowohl Legenden als auch Details des frühesten chinesischen Alltags eingeflossen sind – bis zu dem rätselhaften I-Ging, »Buch der Wandlungen«, einer faszinierenden Mischung aus metaphysischem Hokuspokus und psychologischem Wissen. Es begann als Buch der Weissagungen, und wie die babylonische Astrologie, die aus der gleichen pubertären Periode der Menschheit stammt, ist es ein Gebäude von Zwergenweisheit, das auf dürftigsten Grundlagen errichtet ist.

Die unbestreitbar esoterische Natur des I-Ging bringt die konfuzianischen Gelehrten in Verlegenheit, die mit Recht auf dem streng pragmatischen Ansatz der Philosophie ihres Meisters bestehen. Und dennoch ist die Tatsache nicht wegzuleugnen, daß Konfuzius viele Jahre seines Lebens damit verbrachte, dieses Buch zu lesen. In den letzten Jahren in Lu schrieb er einen ausführlichen Kommentar dazu. Weit davon entfernt, sich über den oft phantastisch anmutenden Inhalt des I-Ging lustig zu machen, geht sein Kommentar sogar soweit, Anweisungen zu geben, wie man das Werk für Weissagungen einsetzen kann, indem man Stöckchen in die Luft wirft und die Muster, die sie bilden, interpretiert.

Das paßt genauso gut zu Konfuzius, als hätte man entdeckt, daß Hegel heimlich Ballettänzer gewesen sei. Doch brauchen offenbar selbst Philosophen ein Hobby, und müssen daher Stöckchen in die Luft werfen, um herauszufinden, wer das Rennen um 14.30 Uhr in Shanghai gewinnt. In meinen Augen ist es eine ziemlich harmlose Beschäftigung.

Konfuzius verbrachte seine letzten Jahre auch damit, die Grundlagen seiner Philosophie an seine Schüler weiterzugeben. Inzwischen sollte allerdings klar sein, daß es sich bei dieser Philosophie in Wirklichkeit gar nicht um eine solche handelt – zumindest nicht in der westlichen Bedeutung des Wortes. Konfuzius' Lehren enthalten Ansätze der Erkenntnistheorie, Logik, Metaphysik und Ästhetik – das heißt der traditionellen philosophischen Kategorien – aber es handelt sich nur um punktuelle Andeutungen, die sich nicht zu einem System verbinden lassen. Konfuzius kommentierte auch den Geschmack des Ingwers und die Länge von Nachthemden, ohne uns eine umfassende konfuzianische Küche oder eine Theorie der Mode zu liefern. Andererseits sieht es jedoch so aus, wenn man zum Beispiel an seine Zeit als Justizminister denkt, als habe er durchaus eine klare Theorie der Mode gehabt. Deshalb kann es sehr wohl sein, daß er ebenfalls eine Theorie des Kochens oder der Philosophie hatte, diese jedoch nicht überliefert sind.

Der Schlüssel zu den Lehren des Konfuzius wird durch das chinesische Schriftzeichen *jen* symbolisiert. Dieses steht für eine Mischung aus Großmut, Sittlichkeit und Menschenliebe. Es ist dem christlichen Konzept der Nächstenliebe und des Mitleids sehr verwandt. *Jen* soll auch für das *zen* im Zen-Buddhismus verantwortlich sein. Neben dem *jen* sind *te* (Tugend) und *yi* (Rechtschaffenheit) unerläßliche Eigenschaften für Konfuzius. Im alltäglichen Leben betont er die Notwendigkeit von *li* (Sitte) und die Beobachtung der traditionellen Riten. Unter Beobachtung verstand er allerdings, daß man sie mit innerer Überzeugung praktizieren müsse – wenn die Riten zu einer reinen Formsache verfielen, so drücke sich darin der Verfall des Geistes aus, sowohl beim Einzelmenschen als auch im Gemeinwesen. Konfuzius hatte sich zum Ziel gesetzt, erhabene Menschen hervorzubringen, die in der

Lage waren, ein Leben der Harmonie und Tugend, frei von Angst und Verzweiflung zu führen. Die konfuzianische Lehre und geistige Unterweisung wurde zur Grundausbildung der Mandarine, denen über zwei Jahrtausende lang die chinesische Verwaltung oblag. Leider ereilte auch diese Hierarchie – wie so viele – das Schicksal der Verknöcherung. Konfuzius hatte die Notwendigkeit, sich den Zeiten anzupassen, vorausgesehen. »Nur die höchststehenden Weisen und die tiefstehenden Narren sind unveränderlich« (Lun Yü XVII, 3). Aber die Warnung hatte nichts genützt. Vielleicht ist es das unwiderrufliche Schicksal aller Verwaltungen, von Weisen und Narren getragen zu werden.

Schließlich lag Konfuzius im Jahre 479 im Alter von zweiundsiebzig Jahren auf dem Sterbebett. Seine Schüler wachten während seiner letzten Krankheit bei ihm. Seine Abschiedsworte wurden von seinem bevorzugten Schüler Dsï Lu aufgezeichnet:

»Der Taischan stürzt zusammen;
Der große Baum wird gefällt;
Und der Weise geht dahin, wie eine verwelkte Blume!«

Konfuzius wurde von seinen Schülern auf dem Friedhof der Familie in der Stadt Küfu am Ufer des Flusses Sse beerdigt. Der an dieser Stelle errichtete Tempel und die ihn umgebenden Anlagen wurden für die Nachwelt zu Heiligtümern. Über zweitausend Jahre lang strömten ohne Unterbrechung Pilger an diesen Ort. Der gegenwärtige Bruch mit dieser ehrwürdigen chinesischen Tradition, die älter ist als Sokrates und Christus,

Regierung

Dsï Lu fragte nach dem Wesen der Regierung. Der Meister sprach: ›(Dem Volk) vorangehen und es ermutigen.‹

wird bestimmt nur von kurzer Dauer sein.

Konfuzius' letzte Worte machen deutlich, daß er sich seiner Größe wohl bewußt, aber nicht sicher war, ob seine Botschaft ihn lange überleben würde. Seine Befürchtungen waren völlig berechtigt. Zwar hat der Konfuzianismus fast zweieinhalbtausend Jahre überlebt, aber es ist gelegentlich schwierig, eine Verwandtschaft mit der ursprünglichen Lehre des Meisters zu erkennen. (So wie es schwierig ist, die Inquisition und die Verbrennung der Ketzer mit der Person, die die Bergpredigt hielt, zu vereinbaren.) Die Lehre des Konfuzius wurde jedoch nicht einfach nur von seinen Anhängern umgekehrt. Nur etwas mehr als zweihundert Jahre nach seinem Tod sah China die Morgenröte der Han-Dynastie, die das er-

Das Wesen der Regierung

Der Fürst Ging von Tsi frage den Meister über das Wesentliche jeder Regierung.

Der Meister sprach: Der Fürst sei Fürst, der Beamte sei Beamter, der Vater sei Vater, der Sohn sei Sohn.

Der Fürst sagte: Sehr gut, das ist sicher richtig; denn wenn der Fürst nicht Fürst, der Beamte nicht Beamter, der Vater nicht Vater, der Sohn nicht Sohn ist, wie könnte ich bei solchen Zuständen meine Einkünfte genießen, wenn sie noch so reichlich wären.

ste große Zeitalter der chinesischen Kultur begründete. Diese Dynastie wurde im wesentlichen nach konfuzianischen Prinzipien geleitet. Sie waren so erfolgreich, daß die Dynastie über vierhundert Jahre lang blühte und somit länger als die meisten anderen Perioden des chinesischen Kaiserreiches dauerte. Sie setzte ein kulturelles Beispiel, das mehrere nachfolgende Dynastien nachzuahmen versuchten.

Im Westen wurde Konfuzius von Leibniz und seinem Zeitgenossen, dem Rationalisten Voltaire, bewundert. Dieser erklärte: »Ich habe Achtung vor Konfuzius. Er war der erste Mensch, der sich nicht auf göttliche Offenbarung berief.«

Trivialisierte Reste der konfuzianischen Lehre finden sich noch heute in der kriegerischen Kunst des Kung-fu, die nach Meister Konfuzius benannt

Reichtum

Könnte man mit ehrbaren Mitteln Reichtum erwerben, so würde ich danach streben, selbst wenn ich die niedrigsten Dienste verrichten müßte. Da es aber keinen sicheren Weg hierzu gibt, so tue ich, wozu mich das Herz treibt.

ist. Sie ist ihrem Namensgeber allerdings so ähnlich wie ein Marsriegel dem Planeten Mars. Auch in den Verirrungen der modernen chinesischen Ideologie, welche die Lehren des Meisters abgelöst hat, lassen sich ähnlich leise Anklänge an Konfuzius feststellen. Der Personenkult um den Vorsitzenden Mao, der Lange Marsch und die Verehrung der Mao-Bibel (Die Sprüche des Vorsitzenden Mao) haben unverkennbare Ähnlichkeit mit dem Kult, der um Konfuzius entstanden war: Auch dessen Porträt hing einst in jedem chinesischen Klassenzimmer; auch er war auf eine lange Pilgerschaft auf der Suche nach einer politischen Aufgabe gegangen und die klassischen »Gespräche des Konfuzius« wurden hoch verehrt. Dieser Lauf der Geschichte hätte Konfuzius jedoch wohl kaum tangiert. Wie er einst sagte: »Ich bin anders. Ich nehme das Leben wie es kommt.«

Konfuzius sprach:
»Als ich fünfzehn war, war mein ganzer Wille aufs Lernen ausgerichtet.
Mit dreißig Jahren stand ich fest.
Mit vierzig hatte ich keine Zweifel mehr.
Mit fünfzig kannte ich den Willen des Himmels.
Als ich sechzig war, hatte ich ein feines Gehör, um das Gute und das Böse, das Wahre und das Falsche herauszuhören.
Mit siebzig konnte ich den Wünschen meines Herzens folgen, ohne das Maß zu überschreiten.«

Gespräche II, 4

Konfuzius sprach:
»Der Edle hütet sich vor dreierlei: In der Jugend, wenn der Körper noch nicht entwickelt ist, hütet er sich vor sinnlichen Vergnügungen.
Im Mannesalter, wenn er seine volle Kraft erreicht hat, hütet er sich vor Streitsucht.
Im Greisenalter, wenn die Kräfte schwinden, hütet er sich vor Geiz.«

Gespräche XVI, 7

Nachwort

Die chinesische Philosophie

Die chinesische Philosophie als solche bildete sich ab dem sechsten Jahrhundert v. Chr. heraus. Am Anfang entwickelten sich die *Hundert Schulen*. Sie waren so mannigfaltig und voneinander verschieden, wie ihr Name vermuten läßt. Getragen wurden sie weitgehend von Wanderphilosophen, die zwischen den zahlreichen chinesischen Fürstentümern hin- und herpilgerten. Wenn ein Philosoph in einer Stadt ankam, pflegte er sich niederzulassen und alle möglichen Ratschläge zu erteilen. Gewöhnlich bot er sie auch dem örtlichen Herrscher an. Häufig ging es dabei um Prinzipien, die bei der Regierung des Staates von Nutzen sein sollten. Dergleichen Rat war allerdings selten lang gelitten, so daß sich der Philosoph bald wieder auf der Straße befand.

Wenn man von westlichen Vorstellungen ausgeht, sind die Philosophien der *Hundert Schulen* häufig nicht als solche erkennbar. Meist sind sie wenig mehr als ›Weltanschauungen‹ in Form von knappen oder von kryptischen Sentenzen. Die eigentliche Lehre ist selten strukturiert oder logisch durchdacht, sondern ist mehr eine Art politischer oder religiöser Rat.

Der wichtigste Vertreter der ersteren Form ist der Konfuzianismus und der letzteren der Taoismus. Sie wurden bald zu den beiden Hauptschulen der chinesischen Philosophie. Später gerieten sie unter den Einfluß der dritten wichtigen Philosophie Chinas, des Buddhismus.

Der Konfuzianismus

Die auf Konfuzius zurückgehenden Lehren haben in der einen oder anderen Form die Zeiten bis auf den heutigen Tag überdauert. Wie bereits dargelegt, ist der Konfuzianismus im wesentlichen praxisorientiert. Im Mittelpunkt steht die Frage nach dem richtigen Leben, in der privaten wie der öffentlichen Sphäre. Deshalb sind Ethik und Politik seine wichtigsten Themen. Über den Sinn und die letztliche Natur des Lebens wird wenig spekuliert. Die Metaphysik fehlt also fast ganz. Das war bereits so, als sich der Konfuzianismus vor über zweieinhalbtausend Jahren entwickelte, und es trifft auch auf den Neo-Konfuzianismus in seiner heutigen Prägung zu.

Der Konfuzianismus hat bewiesen, daß man ohne metaphysische Spekulationen leben kann. Nach dreitausend Jahren scheint sich der Westen widerwillig und sehr zögernd demselben Standpunkt zu nähern.

Der Taoismus

Das Wort ist aus dem chinesischen Wort ›Tao‹, der Weg, entstanden. Jeder Philosoph hatte seine eigene Auffassung vom Tao, doch der Taoismus als Lehre stammt von dem Weisen Laotse und seinem späteren Jünger Chuangtse. Laotse lebte während des sechsten Jahrhunderts v. Chr. Man weiß sehr wenig über ihn. Er soll Staatsarchivar und religiöser Ratgeber am Hof der Tschou-Kaiser gewesen sein. Die Überlieferung berichtet, daß er Konfuzius kennenlernte, von ihm jedoch nicht sonderlich beeindruckt war. Später soll er sich gen Westen aufgemacht haben. Der Wächter des Passes Hsien-ku verweigerte ihm angeblich solange die Ausreise, bis er die Lehren des Tao schriftlich niederlegte. Das Buch wurde nach seinem Autor Tao Te King benannt.

Für viele Vertreter der *Hundert Schulen* war Laotse ein Weiser, Heiliger oder sogar eine Gottheit. Selbst Anhänger des Konfuzius sollen in ihm einen großen Philosophen gesehen haben. Das ist schwer verständlich, da die Lehren des Laotse kaum mit den Lehren des Konfuzius zusammengehen. Einige Stimmen sind der Ansicht, daß die beiden Philosophien zwei völlig verschiedene Bereiche des menschlichen

Strebens abdecken. Nach Meinung anderer widersprechen sie einander in so gut wie jedem Punkt.

Konfuzius lehrt den »Weg des Menschen«, Laotse propagiert den »Weg der Natur«. Für Laotse ist der Weg weitgehend ein metaphysisch-mystisches Konzept. Er sieht in ihm die ewige, absolute Kraft, welche die Natur zwar beherrscht, jedoch jenseits von Raum und Zeit bleibt. Das ist schwer verständlich, wenn man in den logischen Begriffen denkt, die von westlichen Denkern im philosophischen Diskurs in der Regel verlangt werden. Es trifft jedoch nicht zu, wie manchmal behauptet wird, daß all das gar nichts mit Philosophie im westlichen Sinn zu tun habe. Die Stoa und die Philosophie der Kyniker waren im wesentlichen ebenfalls Haltungen gegenüber der Welt.

Laut Laotse sollen wir uns auf den Tao einstimmen, indem wir versuchen, ihn nachzuahmen. Wir sollten uns von den kleinen Sorgen befreien, unser Leben in Einfachheit und Spontaneität führen und dabei innerlich ruhig bleiben.

Solange der Taoismus von einem so beispielhaften Lehrer wie Laotse verkündet wurde, war er ohne Zweifel von großer Stärke. Doch ein gewisses Maß an Ausarbeitung war unabdinglich, wenn der Taoismus als metaphysische Philosophie lebensfähig bleiben sollte. Das besorgte Chuangtse, der etliche Jahrhunderte nach Laotse geboren wurde. Über Chuangtses Leben ist ebenfalls nur wenig bekannt, außer daß er das nach ihm benannte *Buch Chuangtse* schrieb und daß er den Konfuzianismus heftig angriff. Mit dem

Alter soll er ein vergnügter und versponnener Exzentriker geworden sein. Angeblich kleidete er sich in Lumpen und schnürte seine auseinanderfallenden Schuhe mit Bindfäden zusammen. Einer seiner Schüler besuchte den Meister, als dieser seine Frau verloren hatte und war fassungslos, als er ihn selig vor sich hinträllernd antraf, wobei er den Rhythmus seines Liedchens auf dem Eßnapf schlug. Chuangtse verteidigte sich: Wenn er geweint und getrauert hätte, wäre der Eindruck erweckt worden, als kenne er das Schicksal des Menschen nicht.

Für Chuangtse verwandelt der Tao die zufällige und widersprüchliche Natur in die harmonische Einheit des Weges der Natur. Diese Verwandlung komme nur zustande, wenn die Natur der Natur folge. Sie könne auch von uns Menschen erreicht werden, wenn wir den Weg der Natur beschritten – statt dem Weg des Menschen, wie Konfuzius lehre. Der Tao (oder Weg der Natur) sei ein transzendenter Zustand, in dem Gut und Böse aufgehoben sind und in dem alle Dinge in harmonischer Gleichheit schweben. Aber Chuangtse behauptete ebenfalls, daß der Tao überall sei und in allen Dingen existiere, selbst in den Ameisen und den Exkrementen. Auf seinem Sterbelager verbot er seinen Schüler, ihn zu bestatten. Er wollte lieber von den Raben gefressen, als begraben und von Würmern verspeist werden.

Der Buddhismus

Der Buddhismus kam im dritten Jahrhundert n. Chr. von Indien nach China. Während seiner langen Entwicklung fern von seinem Ursprungsland durchlief er eine speziell chinesische Veränderung, die vor allem auf seine zahlreichen Übereinstimmungen mit dem Taoismus zurückzuführen sind.

In den Augen des Westens ist der Buddhismus eher eine Religion als eine Philosophie. Man braucht jedoch nur an die mittelalterliche Scholastik zu denken, um zu erkennen, wie sehr diese beiden in wesentlichen Punkten verschiedenen Denkweisen sich unauflöslich ineinander verstricken können. In diesem Licht ist der Buddhismus ohne Zweifel sowohl Philosophie als auch Religion. Seine Metaphysik entspricht ganz der Scholastik (oder, wenn man so will, dem Taoismus). Anders als die Scholastiker waren die Buddhisten Fatalisten, besonders was Spaltungen ihrer Richtung anbelangte. Folglich dauerte es nicht lange und der Buddhismus umfaßte eine Vielzahl von religiösen Philosophien. Sie nannten sich alle Buddhismus, obwohl zahlreiche Lehren einander feindlich gegenüberstanden. (Wieder zeigen sich die Parallelen zur christlichen Philosophie nur allzu deutlich, mit dem Unterschied, daß die Buddhisten es in schweren Zeiten vorziehen, sich selbst statt andere zu verbrennen.)

Der Begründer des Buddhismus ist bekanntlich der später von Hermann Hesse und kalifornischen Freaks idyllisierte Siddhartha Gautama. Er wurde in der Mitte des sechsten Jahrhunderts v. Chr. in Nepal geboren. Mit sechzehn Jahren heiratete er und lebte dreizehn Jahre lang im Luxus. Doch eines Tages verließ er Haus und Hof und begab sich nach Indien, wo er das

Land als Asket durchwanderte. Als er schließlich Gefahr lief, durch seinen Übereifer zu verhungern, beschloß er, seinem eigenen Weg der Erleuchtung zu folgen. Die Überlieferung berichtet, daß ihm um 528, im Alter von 35 Jahren, die Erleuchtung zuteil wurde und er zum Buddha wurde. Das Ereignis fand statt, als er mit gekreuzten Beinen unter einem ostindischen Feigenbaum saß *(Ficus religiosa)*.

Ursprünglich legte der Buddhismus großen Wert auf die Meditation. Durch sie werden spirituelle Ruhe und Losgelösheit erlangt, mit denen man sich von den Täuschungen und Widersprüchen des Lebens befreien kann. Diese seien wie Wolken, und nur wenn wir sie durch spirituelle Disziplin gleichsam auflösen, würden wir der strahlenden Sonne der Weisheit teilhaftig.

Der chinesische Buddhismus wurde sehr vom Taoismus beeinflußt, der in China eine beherrschende Rolle spielte, als sich der Buddhismus auszubreiten begann. Später, im elften Jahrhundert, beeinflußte der Buddhismus die Entwicklung des Konfuzianismus. Der Neo-Konfuzianismus übernahm metaphysische Elemente des Buddhismus. Für Konfuzius wäre das indiskutabel gewesen, in den Augen seiner Anhänger schienen sie jedoch eine Lücke in seiner Lehre zu füllen.